제자의 삶

일러두기

1. 본 학습에 들어가기 전 반드시 예습을 합니다.
2. 각 질문을 충분히 묵상하고, 질문에 대한 답은 가능한 한 자신의 말로 작성합니다.
3. 공부 시간 시작부터 끝까지 성령께서 인도해 주시길 기도합니다.
4. 적용은 자신의 상황 안에서 구체적이고 실천 가능한 것으로 합니다.
5. 본 교재에 인용된 성경 말씀은 대한성서공회의 개역개정 성경을 따른 것입니다.

제자훈련 시리즈
3

제자의 삶

교사선교회 지음

템북

1부 제자의 기초

들어가며 _____ 008
1과 은혜 _____ 010
2과 성장 _____ 018
3과 거룩 _____ 025
4과 신실 _____ 032
5과 순종 _____ 039

2부 제자의 삶

들어가며 _____ 048
1과 양육 _____ 050
2과 훈련 _____ 057
3과 치유와 회복 _____ 064
4과 교제와 격려 _____ 070
5과 세계 비전 _____ 076

3부 제자의 세계관

들어가며	084
1과 창조	086
2과 타락	093
3과 구속	101
4과 회복	108
5과 교육	114

1부 제자의 기초
The Basics of Disciples

들어가며

"세 번째 이르시되 요한의 아들 시몬아 네가 나를 사랑하느냐 하시니 주께서 세 번째 네가 나를 사랑하느냐 하시므로 베드로가 근심하여 이르되 주님 모든 것을 아시오매 내가 주님을 사랑하는 줄을 주님께서 아시나이다 예수께서 이르시되 내 양을 먹이라"_요한복음 21:17

예수님은 우리에게 새 생명을 주셨습니다. 그리고 하나님과 예수님, 성령님과 늘 교제하며 살아갈 수 있는 특권을 주셨습니다. 우리는 그리스도인으로서의 삶이 개인의 경건 생활을 통해서, 그리고 내가 속한 공동체를 통해서 가능하다는 것을 익혔으며 이를 통해 규모 있고 풍성한 삶을 훈련하고 있습니다.

예수님이 부활 후 승천하시기 전에 제자들에게 "내 양을 먹이라"라고 말씀하셨습니다. 이는 모든 민족을 제자 삼으라는 말씀과 같은 의미입니다(마 28:19). 예수님은 이 말씀을 하시고 그동안 양육했던 제자들을 이 땅에 두고 승천하셨습니다. 이제 우리가 해야 할 일은 이것입니다.

제자 삼는 자로서의 삶.

모든 족속을 제자 삼는 삶은 예수님을 사랑하는 사람들이 할 수 있는 가장 귀한 사명입니다. 이 책은 제자이면서 동시에 다른 이를 제자 삼기 원하는 사람들이 갖추어야 할 다음의 필수 덕목을 학습하도록 만들어졌습니다.

- 주님의 제자들이 지속적으로 새 힘을 얻는 방법은 무엇입니까?
- 주님의 제자들에게 성장은 어떤 의미인가요?
- 거룩한 삶이 왜 제자로서의 삶에 기초가 될까요?
- 제자 삼기 원하는 사람들에게 신실한 삶은 얼만큼 중요합니까?
- 순종하는 삶에는 어떤 힘이 있습니까?

제자로서의 삶에 대해 함께 알아보고 다른 이를 제자 삼는 길로 나아가기를 소망합니다.

1과
은혜

"너희는 그 은혜에 의하여 믿음으로 말미암아 구원을 받았으니 이것은 너희에게서 난 것이 아니요 하나님의 선물이라 행위에서 난 것이 아니니 이는 누구든지 자랑하지 못하게 함이라 우리는 그가 만드신 바라 그리스도 예수 안에서 선한 일을 위하여 지으심을 받은 자니 이 일은 하나님이 전에 예비하사 우리로 그 가운데서 행하게 하려 하심이니라"_에베소서 2:8~10

예배와 공동체에서의 삶 등 제자 된 삶의 모든 기초는 은혜에 있습니다. 하나님이 자격 없는 우리를 구원하셔서 그분의 자녀로 살아갈 수 있게 하셨습니다. 이 특별한 은혜를 날마다 되새기며 감사하는 것은 제자 삼는 자가 가진 생명력의 근원입니다.

제자로 살아가는 힘은 오직 하나님의 은혜에만 있음을 고백하면서, 자칫 잊기 쉬운 놀라운 은혜를 회복하는 시간이 되길 바랍니다.

구원의 은혜

1. 과거에 나는 어떤 사람이었습니까?

2. 성경에서는 과거의 나에 대해 무엇이라고 말합니까? (엡 2:1~3)

3. 하나님이 나에게 은혜로 주신 것은 무엇입니까?

1) 이사야 53:6

2) 요한일서 5:11

4. 나는 그리스도인으로서 구원의 은혜에 감격하고 있습니까? 때때로 구원의 기쁨을 잃게 되는 이유는 무엇입니까?

5. 구원의 감격을 회복하기 위해서 내가 할 수 있는 일은 무엇입니까?
(참고. 시 51:12, 62:1, 119:81)

죄 사함의 은혜

"오호라 나는 곤고한 사람이로다 이 사망의 몸에서 누가 나를 건져내랴"_로마서 7:24

이 말씀은 사도 바울이 믿음으로 구원받은 이후에도 여전히 죄 가운데 있음을 한탄하는 구절이다. 이 말씀에서 보듯이 구원을 받은 후에도 우리는 죄를 지을 수 있다.

1. 하나님의 자녀인 우리는 죄에 대해 어떤 태도를 보여야 합니까? (히 12:4)

2. 우리는 구원을 받은 후에도 죄를 지을 수 있습니다. 그때 우리는 하나님께 어떤 태도를 보여야 합니까? 그러면 하나님이 우리에게 무엇을 해 주십니까?

1) 시편 51:17

2) 시편 32:5

3) 요한일서 1:9

3. 내가 자주 짓는 죄는 무엇이며, 그 죄 혹은 죄책감에서 벗어나기 위해서 할 수 있는 일은 무엇입니까?

자녀 됨의 은혜

1. 현재 나와 하나님의 관계는 어떠합니까?

2. 내가 하나님의 자녀가 되었다는 증거는 무엇입니까?

1) **로마서 8:16** (참고. 롬 8:26, 27)

2) **갈라디아서 4:6**

3) 요한복음 1:12

3. 하나님의 자녀가 받는 특권은 무엇입니까?

1) 로마서 8:29, 30

2) 로마서 5:17 (참고. 갈 4:7)

1. 내가 누리고 있는 은혜에 대해서 나누어 봅시다. [참고. 엡 1:4~6]

2과
성장

"때가 오래 되었으므로 너희가 마땅히 선생이 되었을 터인데 너희가 다시 하나님의 말씀의 초보에 대하여 누구에게서 가르침을 받아야 할 처지이니 단단한 음식은 못 먹고 젖이나 먹어야 할 자가 되었도다"
_히브리서 5:12

   성장하지 않는 자녀를 키우는 부모의 마음은 어떨까요? 자녀의 온전한 성장은 부모에게 있어 가장 큰 기쁨입니다. 부모는 자녀의 성장을 위해서 온갖 노력을 아끼지 않습니다.
   바울은 그의 제자들이 '그리스도의 형상'이 되기까지 해산하는 수고를 마다하지 않는다고 했습니다(갈 4:19). 마찬가지로 하나님도 우리의 성장을 간절히 바라고 계십니다.
   그렇다면 성경에서 말하는 성장은 어떤 것일까요?

얼마나 성장해야 하는가?

1. 하나님은 그분의 자녀인 우리가 어느 수준까지 성장하기를 원하십니까? [엡 4:13]

2. 예수님의 성장 모습에서 성장의 요소를 찾아봅시다. [눅 2:52]

3. 성경에서는 사람들의 영적 단계와 상태를 3가지로 구분하고 있습니다. 다음 표를 완성하고 함께 이야기를 나눠 봅시다. [참고. 히 5:12~14]

말씀 내용	고린도전서 2:14	고린도전서 3:1~3	고린도전서 2:15, 16
단계			
상태			
나의 상태			

성장하기 위해서

1. 육신에 속한 그리스도인이 신령한 자로 성장하기 위해 필요한 것은 무엇입니까?

1) 요한복음 15:4, 5 (참고. 골 2:19)

2) 디모데후서 3:16, 17 (참고. 행 20:32)

3) 데살로니가전서 3:10 (참고. 골 4:12)

4) 에베소서 4:15, 16 (참고. 엡 2:21, 22)

2. 그리스도인의 성장을 가로막는 것에는 어떤 것들이 있습니까?

1) 잠언 13:4

2) 디모데후서 3:2

3) 골로새서 2:8

4) 고린도전서 15:33

3. 로마서 5:3, 4에서는 성장을 위한 특별한 방법을 말씀하고 있습니다. 그것은 무엇입니까? (참고. 약 1:2~4; 시 119:67, 71)

4. 나의 믿음을 성장하게 한 시련이 있다면 무엇입니까? (욥 23:10)

'고아의 아버지'로 불리는 조지 뮬러는 아들을 잃은 슬픔을 겪고 나서 고아들을 자기의 아들로 삼으라는 하나님의 뜻을 깨닫게 되었다.

성장의 기쁨

1. 성장함으로 얻는 유익은 무엇입니까?
1) 빌레몬서 1:10~14

2) 디모데전서 4:15, 16

3) 베드로전서 1:6, 7

2. 성장을 위해 내가 실천할 수 있는 일은 무엇입니까? 구체적으로 설명해 봅시다. (고전 13:11)

1. 내가 성장한 모습을 상상해 보고, 장차 어떤 사람으로 성장하기를 소망하는지 나누어 봅시다.

3과

거룩

"오직 너희를 부르신 거룩한 이처럼 너희도 모든 행실에 거룩한 자가 되라 기록되었으되 내가 거룩하니 너희도 거룩할지어다 하셨느니라"_베드로전서 1:15, 16

거룩한 삶을 살기란 어려운 일입니다. 거룩한 삶은 치열한 분투 속에서 이루어지지만 죄는 우리가 잠시 방심하는 틈을 타 자연스럽게 우리를 점령합니다.

그래서 어떤 사람들은 자신의 삶이 실제로 거룩하게 되는 것은 불가능하다고 생각하기도 합니다. 그러나 주님의 가르침은 명백합니다. 거룩은 성경적인 관점에서 하나의 선택이 아니라 의무입니다. 하나님은 "내가 거룩하니 너희도 거룩할지어다"[레 11:45]라고 반복해서 말씀하십니다.

이 과에서는 어떻게 사는 것이 거룩한 삶인지 알아보겠습니다.

거룩하라!

1. 사람들의 거룩하지 못한 모습에는 어떤 것들이 있습니까? (갈 5:19~21)

2. 우리가 거룩해야 할 이유는 무엇입니까?

1) 에스겔 39:7

2) 히브리서 7:26

3) 데살로니가후서 2:13

3. 성경에서 말하는 거룩한 생활이란 무엇입니까?

1) 로마서 13:14

2) 에베소서 5:3, 4

4. 거룩한 생활이 주는 유익은 무엇입니까?

1) 빌립보서 2:14~16

2) 요한복음 9:31

3) 디모데후서 2:20, 21

거룩한 생활을 위하여

1. 거룩한 사람들이 보여 주는 경건한 모습이란 어떤 모습입니까?

1) 창세기 39:10

2) 욥기 1:1

3) 다니엘 1:8

2. 개인생활에서 거룩함을 추구하는 방법은 무엇입니까?

1) 디모데전서 4:5

2) 베드로전서 1:22

3. 공동체 생활에서 거룩함을 추구하는 방법은 무엇입니까?

1) 디모데후서 2:22

2) 사도행전 10:2

4. 사회생활에서 거룩함을 추구하는 방법은 무엇입니까?

1) 로마서 12:2

적용

"모든 사람과 더불어 화평함과 거룩함을 따르라 이것이 없이는 아무도 주를 보지 못하리라"_히브리서 12:14

1. 이 과에서 배운 것을 생각하며 거룩을 위해 내 삶에 적용할 점을 찾아봅시다.

1) 개인생활

2) 공동체 생활

3) 사회생활

4과

신실

"하나님은 사람이 아니시니 거짓말을 하지 않으시고 인생이 아니시니 후회가 없으시도다 어찌 그 말씀하신 바를 행하지 않으시며 하신 말씀을 실행하지 않으시랴"

_민수기 23:19

    '신실'은 속이거나 사악함이 없고 순수하고 진실하다는 뜻입니다. 이 신실함은 하나님을 믿고 따르는 자들의 중요한 성품입니다. 우리는 신실한 태도로 하나님을 만나야 합니다.
    사람들은 신실한 사람을 신뢰합니다. 리더의 필수 덕목은 바로 신실함입니다. 리더가 하는 일에는 숭고하고 가치 있는 동기가 반드시 필요합니다. 그러나 그 가치를 실천할 때 신실함이 결여되어 있다면 사람들은 그 리더를 따르지 않을 것입니다.
    '내가 어떤 일을 하는가'도 중요하지만 '나는 어떤 사람인가'가 더 중요합니다.

정직하라!

1. 정직하게 말하고 행동하는 일은 어렵습니다. 왜 그럴까요?

2. 하나님이 정직한 자에게 약속하신 것은 무엇입니까?

1) 잠언 2:6, 7

2) 잠언 23:15, 16

3. 정직한 자와 정직하지 못한 자의 삶을 비교해 봅시다.

말씀	정직한 자	정직하지 못한 자
잠언 3:32, 33		패역한 자:
잠언 15:19		게으른 자:
잠언 12:6, 7		악한 자:

4. 하나님이 순전하고 정직한 사람이라고 인정하셨던 욥(욥 1:1)이 하나님 앞에서 결심한 것은 무엇입니까? (욥 27:4~6)

5. 다윗이 하나님께 간구한 내용은 무엇입니까? (시 51:10)

신실하라!

1. 신실하신 하나님은 우리에게 무엇을 약속해 주셨습니까?

1) 신명기 7:9

2) 마태복음 28:18~20

2. 성경 인물 중 신실한 사람들의 특징을 찾아봅시다.

1) 하나님 앞에서 지속적으로 신실했던 사람들

다니엘 (단 6:1~4)

느헤미야 (느 5:14~19)

안나 (눅 2:36~38)

사도 바울 (행 20:32~35)

2) 사람과의 관계에서 지속적으로 신실했던 사람들

룻 (룻 1:14~17)

레갑 족속 (렘 35:12~19)

디모데 (고전 4:17)

3. 우리 삶에서 신실한 자세로 임해야 할 일은 무엇입니까?

시편 78:70~72 •   • 하나님을 섬기는 일

여호수아 24:14 (참고. 고후 10:5) •   • 백성을 보살피는 일

잠언 25:13 (참고. 고전 4:2) •   • 맡은 일에 성실하기

1. 내가 지금보다 더 신실하기 위해서 힘써야 할 것은 무엇입니까?

5과

순종

"너희를 인도하는 자들에게 순종하고 복종하라 그들은 너희 영혼을 위하여 경성하기를 자신들이 청산할 자인 것 같이 하느니라 그들로 하여금 즐거움으로 이것을 하게 하고 근심으로 하게 하지 말라 그렇지 않으면 너희에게 유익이 없느니라"_히브리서 13:17

지도자에게 만족하지 못하는 사람은 어디에나 있습니다. 그런 이들은 지도자의 비효율적인 일처리 방법, 현명치 않은 결정, 지도자가 자기 삶에 미친 부정적 영향에 대해 하소연합니다. 이런 논리는 불평을 불러들이며, 불평은 결국 불복종으로 이어집니다. 이스라엘 백성이 출애굽을 하면서 모세에게 불평했습니다. 이에 대해 성경에는 "여호와께서 자기를 향하여 너희의 원망하는 그 말을 들으셨음이라 우리가 누구냐 너희의 원망은 우리를 향하여 함이 아니요 여호와를 향하여 함이로다"(출 16:8)라고 기록되어 있습니다.

이스라엘 백성은 모세에게 불복종하는 것이 하나님께 불순종하는 것인지 몰랐습니다. 권위를 인정하고 순종하는 사람은 여호수아와 갈렙처럼 마침내 약속을 누리게 됩니다.

참고문헌

『순종』(존 비비어, 두란노, 2002)

순종하는 삶

1. 사람들이 가치 있게 생각하는 것들은 무엇입니까? 이를 순종이라는 덕목과 비교해 봅시다.

2. 예수님은 하나님이 원하시는 일을 하셨습니다. 예수님은 자신의 사역에 관하여 어떻게 말씀하십니까?

1) 요한복음 6:38, 39

2) 누가복음 22:42

3. 다음의 성경 인물들은 하나님께 어떻게 순종했는지 알아봅시다.

1) 아브라함 (창 12:1~4)

2) 모세 (출 4:1~31)

3) 바울 (행 9:1~22)

올바른 순종

1. 예수님의 순종에 대해 알아봅시다.

1) 히브리서 5:8, 9

2) 빌립보서 2:8

3) 누가복음 22:42

2. 하나님은 누가 누구에게 무슨 이유로 순종하기를 원하십니까?

말씀	누가	누구에게	왜
골로새서 3:20	자녀들		주님을 기쁘게 하는 것은 하나님의 명령이므로 (출 20:12)
에베소서 5:22~24		남편	
히브리서 13:17	인도함을 받는 자		인도함 받는 자를 위하여 경성하기를 자기가 하나님 앞에 회계하는 자같이 하기에 유익이 없음
로마서 13:1, 2; 에베소서 6:5~8	각 사람, 종		그리스도께 하듯 하라

3. 바람직한 순종의 태도는 무엇입니까?

1) 시편 119:56~60

2) 이사야 1:19, 20

3) 신명기 26:16

4) 베드로전서 2:18, 19

적용

1. 리더에게 순종했던 경험과 그 순종의 결과에 대해 이야기를 나눠 봅시다.

2. 지금 내가 순종해야 할 대상이나 영역은 무엇이며, 나는 어떻게 순종할 것인지 이야기를 나눠 봅시다.

순종하는 그리스도인은 그리스도께서 생각하시는 대로 생각하고, 그리스도께서 말씀하시는 대로 말한다. 또한 순종하는 그리스도인은 그리스도께서 보여 주시는 대로 생활하고 그리스도께서 도우시는 대로 돕는다.

2부 제자의 삶

The Life of Disciples

들어가며

"또 네가 많은 증인 앞에서 내게 들은 바를 충성된 사람들에게 부탁하라 그들이 또 다른 사람들을 가르칠 수 있으리라"_디모데후서 2:2

주님의 제자로 부름 받은 사람들에게는 가져야 할 기본적인 성품과, 평생을 두고 실행해 가야 할 사명이 있습니다.

"모든 민족을 제자로 삼으라."

예수님이 승천하시기 전에 마지막으로 하신 이 말씀은 복음에 충성된 사람들만이 이루어 낼 수 있는 명령입니다. 우리는 "제자 삼으라"는 말씀을 부모가 자녀를 돌보고 기르는 말인 '양육'이란 말로 바꾸어 쓰면서, 사람들을 주님의 제자로 키워 내고자 합니다.

    2부에서는 구체적으로 제자들이 어떻게 사람들을 선발하고 양육할 것인지를 공부하고자 합니다. 예수님이 제자들을 선발하고 훈련하신 과정과 어떻게 성도 간에 서로 교제하며 치유하고 회복할 것인지, 양육이란 이름으로 모인 소그룹 안에서 역동적인 성령의 역사를 체험하려면 어떻게 해야 하는지 알아보겠습니다.

    2부에서는 아래 질문에 대한 답을 찾아보고자 합니다.

- 양육이란 무엇이며 어떻게 하는 것입니까?
- 훈련이 우리에게 주는 유익은 무엇입니까?
- 하나님은 우리를 어떻게 훈련하십니까?
- 양육을 통해서 우리는 어떻게 치유될 수 있습니까?
- 양육 속에서 우리는 어떻게 교제하며 서로를 격려할 수 있습니까?
- 양육을 통해서 세계를 변화시킬 수 있는 방법은 무엇입니까?

1과
양육

"우리가 그를 전파하여 각 사람을 권하고 모든 지혜로 각 사람을 가르침은 각 사람을 그리스도 안에서 완전한 자로 세우려 함이니 이를 위하여 나도 내 속에서 능력으로 역사하시는 이의 역사를 따라 힘을 다하여 수고하노라"_골로새서 1:28, 29

일반적으로 양육이란 복음을 전도하여 얻은 회심자를 그리스도 안에서 전인격적으로(엡 4:13~15) 자라도록 돕는 것을 말합니다.

가장 구체적이고 분명한 양육자의 모델은 예수 그리스도이십니다. 예수님이 제자들을 훈련하신 방법이 바로 양육이고, 우리는 지금도 성령님과 동역자들을 통하여 양육을 받고 있습니다.

그리스도인은 양육을 통하여 예수 그리스도의 형상과 사역을 본받고 배우고 실천하게 함으로써 하나님이 인류를 창조하신 목적(창 1:26~28)과 예수 그리스도의 지상명령(마 28:18~20)을 성취할 수 있습니다.

예수님의 사역

1. 양육과 성경 공부의 차이점은 무엇입니까?

2. 예수님은 제자 삼는 사역으로 아버지의 일을 이루어 가셨습니다. [요 17:4] 예수님은 어떻게 제자를 부르셨습니까?

1) 누가복음 6:12, 13

2) 마가복음 3:13

3. 예수님의 제자가 되는 사람들의 특징은 무엇입니까?

1) 마태복음 4:20

"그들이 (   ) 그물을 버려두고 예수를 (   )"

2) 마태복음 25:21

"…네가 (   )에 (   )하였으매…"

3) 디모데후서 2:2

"…내게 들은 바를 (   )된 사람들에게 (   )…"

4. 예수님은 제자들을 어떻게 훈련하셨습니까?

마태복음 17:1 •　　　　　• 가르치심 [참고. 눅 11:2]

마태복음 5:1, 2 •　　　　　• 데리고 다니심

요한복음 13:15 •　　　　　• 본을 보이심

누가복음 14:26 •　　　　　• 헌신을 요구하심 [참고. 마 16:24]

제자 양육

1. 요한복음 21:15~17은 예수님과 베드로의 마지막 대화 내용입니다. 본문을 읽고 다음 물음에 답해 보세요.

   1) 예수님이 베드로에게 확인하시고 싶은 것은 무엇입니까?

   2) 예수님이 베드로에게 주신 사명은 무엇입니까?

2. 양육의 목적은 무엇입니까? (골 1:28, 29)

3. 양육의 내용은 무엇이어야 합니까? (마 28:19, 20)

4. 양육자의 태도는 어떠해야 합니까?

1) 데살로니가전서 2:8

2) 사도행전 5:41, 42

3) 베드로전서 5:2, 3

4) 히브리서 13:17

5. 양육자가 얻을 수 있는 유익은 무엇입니까?

1) 디모데전서 4:16

2) 베드로전서 5:2~4

3) 데살로니가전서 2:19, 20

"들개들도 젖을 주어 그들의 새끼를 먹이나 딸 내 백성은 잔인하여 마치 광야의 타조 같도다 젖먹이가 목말라서 혀가 입천장에 붙음이여 어린 아이들이 떡을 구하나 떼어 줄 사람이 없도다"_예레미야애가 4:3, 4

6. 바울은 그리스도 안에서 일만 스승이 있으나 아비는 많지 않다고 했습니다. (고전 4:15) 하나님이 우리에게 원하시는 것은 무엇입니까?

적용

1. 예수님이 제자를 삼으시는 사역에서 내가 배울 점은 무엇입니까?

2. 나는 어떤 사람을 어떻게 양육할 수 있을지, 양육에 대한 소망과 계획을 구체적으로 적어 봅시다.

2과
훈련

"육체의 연단은 약간의 유익이 있으나 경건은 범사에 유익하니 금생과 내생에 약속이 있느니라"_디모데전서 4:8

하나님의 자녀가 되는 것은 오직 주님의 은혜를 통해서만 가능합니다. 그리스도의 제자로서의 삶을 살게 하는 것은 훈련을 통해서 가능합니다. 우리는 훈련을 통해 신앙생활에서 자유를 누릴 수 있습니다.

또한 제자는 주님의 부르심에 순종해서 이 땅에 하나님 나라를 이루려는 군사들이기에, 전쟁에 나가는 군인들처럼 훈련이 필요합니다. 그리고 이러한 훈련에는 땀과 눈물이 뒤따릅니다. 성경에 나오는 신앙의 선배들은 거의 모두 하나님의 이 힘든 훈련 과정을 겪어 낸 사람들입니다.

훈련으로 얻는 자유는 무엇인지, 또 어떤 유익이 있는지 알아봅시다.

경건의 훈련

1. 사람들은 훈련에 대해서 일반적으로 어떤 인식을 가지고 있습니까?

2. 하나님이 훈련(징계)하시는 사람은 어떤 사람입니까?

1) 히브리서 12:6

2) 요한계시록 3:19

3) 잠언 19:18

3. 다음 성경 말씀은 그리스도인의 훈련을 어떻게 설명하고 있습니까?

1) 디모데전서 4:7, 8

2) 고린도전서 9:24~27

4. 훈련받는 사람의 마음 자세는 어떠해야 합니까? (딤후 2:3-5)

5. 하나님이 요셉을 어떻게 훈련시키셨는지 알아보고, 그 유익은 무엇이었는지 묵상해 봅시다.

1) 창세기 37:2

2) 창세기 37:4

3) 창세기 37:28

4) 창세기 37:36

5) 창세기 39:20

6) 창세기 40:23

7) 창세기 50:19

훈련의 실제

1. 하나님이 사람들을 훈련시키시는 방법과 훈련의 유익을 찾아봅시다.

성경 말씀	인물	훈련 방법	유익
욥기 23:10		인내	
요한복음 8:31, 32	예수를 믿는 유대인들		
요한복음 15:10, 11	제자들		
디모데후서 3:15~17			

2. 지속적인 훈련을 위해 필요한 것은 무엇입니까?

1) 히브리서 12:1

2) 전도서 4:9~12

3. 훈련 과정에서 그리스도인이 빠지기 쉬운 함정은 무엇입니까? (눅 18:11, 12)

"영적 훈련은 자유로 들어가는 문이다."_리처드 포스터

적용

1. 다음 중에서 하나님이 나에게 원하시는 영적 훈련은 무엇일까요?

☐ 말씀 묵상   ☐ 암송   ☐ 기도
☐ 전도   ☐ 헌금   ☐ 시간 관리
☐ 체력 향상   ☐ 기뻐하는 것 ☐ 정직
☐ 제자 삼기   ☐ 공동체 생활 ☐ 섬김
☐ 인도함 받기 ☐ 순종   ☐ 예배

2. 현재 나는 어떤 어려움을 겪고 있습니까? 이 어려움을 통해서 하나님이 나에게 어떤 훈련을 하신다고 생각합니까?

3과
치유와 회복

"그가 찔림은 우리의 허물 때문이요 그가 상함은 우리의 죄악 때문이라 그가 징계를 받으므로 우리는 평화를 누리고 그가 채찍에 맞으므로 우리는 나음을 받았도다"
_이사야 53:5

그리스도인이라면 누구나 자신의 삶 속에서 성령의 열매를 풍성하게 맺으며 살아가기를 소망합니다. 그러나 우리는 여전히 육체의 소욕을 따라 행동하고, 육신의 질병과 마음의 상처가 내재해 있음을 보며 안타까워합니다.

분노와 죄의식, 결핍, 잘못된 습관, 우울증, 열등감 등과 같이 아직도 십자가에 완전히 못 박히지 못한 나의 옛 자아가 있습니다. 언제쯤 이것들로부터 자유하게 되어서 새사람이 될 수 있을까요?

치료자이신 예수님께 우리 삶의 상한 부분을 모두 보여드리고 내어 맡겨 봅시다. 긍휼이 풍성하신 우리 주께서 함께해 주실 것입니다.

치유

1. 일반적으로 사람들이 앓고 있는 육체적, 정신적, 영적 질병에는 어떤 것들이 있는지 알아봅시다. (신 28:21, 22; 시 42:5)

2. 치유의 근원은 누구에게 있습니까? (사 53:5, 참고. 마 8:14~17)

3. 사람들의 정신적, 육체적 연약함과 질병의 치유에 대하여 하나님은 어떻게 말씀하십니까? (사 61:1~3, 참고. 35:5, 6)

4. 치유를 위해서 우리가 서로에게 해 줄 수 있는 일은 무엇입니까? (참고. 약 5:15; 왕하 20:7; 왕상 19:5; 딤전 5:23)

5. 다음 성경 말씀에서 치유를 받은 자들은 어떤 믿음으로 나음을 입었는지 살펴봅시다.

마태복음 9:21, 22 •	• 의인이 하는 기도로
야고보서 5:16 •	• 예수님에 대한 믿음으로
마가복음 9:17~27 •	• 아버지의 믿음으로
열왕기하 5:14 •	• 겸손하게 순종함으로

회복

1. 예수님이 이 세상에 오신 목적은 무엇입니까? (요 10:10)

2. 하나님은 우리가 치유 받은 후에 어떤 삶을 살기 원하십니까?
1) 사도행전 3:7, 8

2) 누가복음 17:17, 18

3) 요한복음 5:14

4) 마태복음 12:43~45

3. 바울은 자신의 질병에 대해 하나님께 어떤 기도를 드렸습니까? 그리고 그 기도에 대한 하나님의 응답은 무엇이었습니까? (고후 12:7~9)

4. 마음속에 여전히 자리하고 있는 분노와 원망에 대해서 성경은 어떻게 말씀하고 있습니까? (롬 12:18~21)

"내가 확신하노니 사망이나 생명이나 천사들이나 권세자들이나 현재 일이나 장래 일이나 능력이나 높음이나 깊음이나 다른 어떤 피조물이라도 우리를 우리 주 그리스도 예수 안에 있는 하나님의 사랑에서 끊을 수 없으리라"_로마서 8:38, 39
치유의 목적은 하나님과 사람의 관계를 회복시키는 것이다. 하나님은 우리가 상처를 치유하고 회복된 삶을 살기를 원하신다.

적용

1. 내가 경험한 치유와 회복에 대해 이야기를 나눠 봅시다.

2. 현재 나에게 치유가 필요한 마음의 상처나 육체적 질병은 무엇입니까?

4과
교제와 격려

"서로 돌아보아 사랑과 선행을 격려하며 모이기를 폐하는 어떤 사람들의 습관과 같이 하지 말고 오직 권하여 그 날이 가까움을 볼수록 더욱 그리하자"_히브리서 10:24, 25

'교제'라는 말의 헬라어는 '코이노니아(koinonia)'로, '함께 나눔' 혹은 '어떤 것을 다른 사람과 공유함'이라는 뜻입니다. 그것은 영적 건강에 있어 핵심적인 것이며 진정한 교회 생활의 중심 요소입니다. 교회는 교제를 통한 격려가 있는 곳에서 부흥했습니다.

교제의 참다운 의미와 방법을 깨달아 우리의 교제가 새로운 수준에 도달하기를 기대합니다.

교제

1. 초대 교회 성도들은 어떻게 교제했습니까? [행 2:42~47]

2. 성도의 교제가 의미하는 2가지 차원에 대해 알아봅시다.
1) 요한일서 1:3

2) 히브리서 10:24, 25

3. 성도가 교제하는 목적은 무엇입니까? [롬 1:11]

4. 다음 성경 말씀을 통해 교제의 중요성을 알아봅시다.

고린도후서 1:11 •   • 우리 가운데 그리스도가 함께하심

요한일서 1:7 •   • 죄에서 깨끗하게 됨

마태복음 18:20 •   • 서로 기도함으로 도울 수 있음

5. 그리스도인의 교제에 방해가 되는 요소에는 어떤 것들이 있습니까?
1) 로마서 12:3

2) 마가복음 3:1~6

3) 히브리서 12:15

4) 야고보서 2:1~4

격려의 힘

1. 요한복음 14:16에서 말하는 하나님은 어떤 분이십니까?

2. 우리가 격려의 삶을 살 수 있는 출발점은 무엇입니까? [행 2:46]

3. 우리가 함께 모여서 주고받을 수 있는 격려에는 어떤 것들이 있습니까?

히브리서 10:22 •   • 소망

히브리서 10:23 •   • 믿음

히브리서 10:24 •   • 사랑

4. 격려의 본이 되는 삶을 사신 예수님과 바울은 각각 사람들을 어떻게 격려했는지 알아봅시다.

1) 예수 그리스도 (요 13:34, 14:1, 3)

2) 사도 바울 (살전 2:2, 4:9, 10, 13)

적용

1. 지금까지 내가 속했던 공동체 중 인상적이거나 의미 있던 곳에 대하여 이야기해 봅시다.

2. 나는 다른 사람을 어떻게 격려하고 있으며, 어떠한 격려를 받고 싶은지 나누어 봅시다.

5과
세계 비전

"예수께서 나아와 말씀하여 이르시되 하늘과 땅의 모든 권세를 내게 주셨으니 그러므로 너희는 가서 모든 민족을 제자로 삼아 아버지와 아들과 성령의 이름으로 세례를 베풀고 내가 너희에게 분부한 모든 것을 가르쳐 지키게 하라 볼지어다 내가 세상 끝날까지 너희와 항상 함께 있으리라 하시니라"_마태복음 28:18~20

하나님과 예수님은 사람들에게 중요한 두 가지 명령을 주셨습니다.

하나님은 태초에 아담과 하와를 지으시고 문화명령으로 일컬어지는 인류 최초의 명령(창 1:26~28)을 주셨습니다. 또한 예수님은 공생애를 마치고 이 땅을 떠나가시던 마지막 순간에 제자들을 향해 지상명령(마 28:18~20)을 주셨습니다.

이 2가지 명령에 주목하십시오. 하나님의 변함없는 큰 뜻을 발견할 수 있을 것입니다.

처음 명령과 마지막 명령

1. 하나님이 처음 인간에게 주셨던 문화명령이 어떻게 지상명령으로 이어지는지 다음 성경 말씀을 통해 살펴봅시다.

1) 사람들이 하나님의 뜻을 거스르는 극단적인 두 사건은 창세기 6:11, 12과 19:23~25에서 살펴볼 수 있습니다. 그럼에도 마지막 명령 수행이 가능한 이유는 무엇입니까? 한편, 오늘날의 사람들은 하나님의 명령에 어떤 태도를 보입니까?

지상명령의 성취

1. 문화명령을 성취하기 위해 하나님이 인간에게 주신 방법은 무엇입니까? (창 1:28, 35:11)

2. 사도 바울은 어떤 방법으로 지상명령을 수행하고 있습니까?

1) 고린도전서 4:15

2) 데살로니가전서 2:7, 11

3) 골로새서 1:28, 29

복음으로 (   ) ⇒ 부모가 자녀에게 하듯 (   )

⇒ 완전한 자로 (   )

3. 지상명령을 위한 사역의 원리는 무엇입니까? (딤후 2:2)

시대의 요청

1. 예수님은 이 세상에 가장 시급한 필요가 무엇이라고 말씀하십니까?
(마 9:35~38)

2. 하나님이 아브라함에게 품으셨던 계획(뜻)은 지금의 나와 어떤 관련이 있습니까? (갈 3:2~9)

3. 하나님의 부르심에 대한 이사야의 응답은 무엇입니까? [사 6:8]

4. 내가 알고 확신해야 할 하나님의 뜻은 무엇입니까? [벧후 3:9]

1. 예수님의 마지막 명령인 마태복음 28:18~20을 깊이 묵상해 봅시다. 세계를 향한 이 비전을 위해서 내가 할 수 있는 일은 무엇입니까?

3부 제자의 세계관
The Worldview of Disciples

 들어가며

"태초에 하나님이 천지를 창조하시니라"_창세기 1:1

　세계관이란 말은 보이는 세계와 보이지 않는 세계를 보는 모든 관점을 말합니다. 사람은 저마다 다른 성장 배경과 사상, 경험을 가지고 있기 때문에 각자 다른 세계관이 형성되어 있습니다.

　"세계의 주인은 누구인가?", "인간이란 무엇인가?", "무엇이 옳고 가치 있는 것인가?" 하는 질문들은 세계관을 분별하기 위한 일반적인 질문입니다. 이에 많은 사람은 뚜렷한 대답을 하지 못하거나 막연한 대답을 할 뿐입니다. 그러나 우리 기독교인은 매우 분명하게 대답할 수 있습니다.

　하나님이 세상과 인간을 창조하셨으며 인간의 타락으로 모든 피조 세계가 타락하게 되었고, 이는 그리스도를 통해서 구속되고 회복됩니다. 우리는 이른바 '창조-타락-구속-회복 신앙'을 갖고 있습니다.

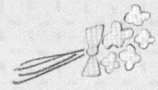

　기독교인의 성경적 세계관 정립은 '하나님의 형상'으로서 자신에게 주어진 삶을 어떻게 바라볼 것인지 인식하게 해 줍니다. 다음과 같은 주제들이 공부에 도움이 될 것입니다.

- 창조-하나님이 만드신 세계와 하나님의 형상으로서의 인간
- 타락-인간의 범죄와 이로 인한 피조 세계의 타락
- 구속-예수 그리스도를 통한 인간과 창조 세계의 회복
- 회복-창조 세계의 여러 영역이 회복되는 방법
- 교육-기독교 세계관에 따른 교육의 목표와 방법은 무엇인가?

참고문헌
　　『창조 타락 구속』(알버트 월터스, IVP, 2007)

1과
창조

"태초에 하나님이 천지를 창조하시니라 … 하나님이 자기 형상 곧 하나님의 형상대로 사람을 창조하시되 남자와 여자를 창조하시고 하나님이 그들에게 복을 주시며 하나님이 그들에게 이르시되 생육하고 번성하여 땅에 충만하라, 땅을 정복하라, 바다의 물고기와 하늘의 새와 땅에 움직이는 모든 생물을 다스리라 하시니라"_창세기 1:1, 27, 28

"태초에 하나님이 천지를 창조하시니라"라는 하나님의 말씀은 우리의 믿음과 삶의 시작입니다.

하나님은 세상을 어떻게 창조하셨을까요? 창조된 세상의 본래 모습은 어떠했으며 왜 이렇게 창조하셨을까요? 창조하신 목적대로 살아간다는 의미는 무엇일까요?

자, 지금부터 그 흥미로운 탐구를 시작해 봅시다.

하나님이 만드신 세계

1. 창세기 1:1의 하나님이 창조하신 '천(天, heaven)'은 하나님과 천사들이 존재하는 영적 영역 혹은 영적 세계를 의미하고, '지(地, earth)'는 인간 삶의 영역을 의미합니다. 골로새서 1:16, 17에서는 하나님이 창조하신 것들은 무엇이라 말하고 있습니까?

2. 창세기 1장에서 반복적으로 나오는 어구 또는 단어 3가지를 찾아 쓰고, 그 의미를 생각해 봅시다.

3. 하나님의 창조물은 하나님의 (창 1:3   )으로 만들어 졌으며, 하나님의 (롬 1:20   )을 반영하고 있습니다. (참고. 시 33:6~9, 104:24)

4. 시편 33:9에서 표현된 '창조'의 2가지 의미를 다음 두 성경 구절과 비교하여 생각해 봅시다.

1) 시편 115:15

2) 히브리서 1:3

"'만들다'와 '다스린다'라는 두 단어는 하나님의 어휘록에서는 같은 말이다."
—알버트 월터스

5. 엿새 동안의 창조 과정을 아래 표에 정리하고 좌우를 비교해 보십시오. [창 1:1~31] 그 과정에서 어떤 점을 발견했는지 다음 빈칸에 적어 봅시다.

첫째 날		넷째 날	
둘째 날		다섯째 날	
셋째 날		여섯째 날	

하나님의 형상인 인간

1. 하나님이 사람을 지으신 과정을 살펴보고 성경에서는 사람을 무엇이라고 표현하는지 알아봅시다. (창 2:7)

1) 지으신 과정

2) 명칭

"생령: 히브리어로 '네페쉬 하야'이며, 이는 '생명', '기력'을 가리키는 '네페쉬'와 '호흡하다', '생존하다'는 뜻을 가진 '하야'가 결합된 말로서, '살아 있는 존재'라는 뜻이다. 흙으로 지어진 아담은 하나님께서 코에 생기(生氣)를 불어넣어 주심으로써 '생명을 가진 살아 있는 존재요, 하나님과 교제할 수 있는 영적 존재'가 되었다." _『라이프 성경사전』(가스펠서브, 생명의말씀사, 2007)

2. 사람과 다른 피조물의 창조에는 결정적으로 무슨 차이점이 있습니까?

1) 사람 [창 1:26, 27, 2:7]

2) 다른 피조물 [창 1:11, 24, 2:19]

3. 창세기 1:26~28절에서 볼 때 하나님의 형상이 의미하는 바는 무엇입니까? [참고. 창 2:15]

4. 하나님이 사람에게 명하신 것은 무엇입니까? [창 1:28] 이는 우리가 책임져야 할 부분이 개인적인 신앙의 영역을 넘어서는 것을 뜻합니다. 우리가 하나님께 위임받은 영역은 어디까지입니까?

5. 하나님이 창조를 마치시고 사람과 함께 가장 먼저 하신 일은 무엇입니까? (창 2:1~3) 출애굽기 20:8~11 말씀을 보며 그 의미를 생각해 봅시다.

적용

1. 최근에 하나님의 창조세계가 아름답다는 것을 마음 깊이 느낀 때는 언제인지 함께 나누어 봅시다.

2. 성경에 나타난 하나님의 창조에 관한 가르침에 근거해서 세계관의 근본 질문인 '나는 누구인가?', '어떤 일이 가치 있는가?'에 대한 대답을 자신의 말로 정리하여 나누어 봅시다.

2과

타락

"피조물이 고대하는 바는 하나님의 아들들이 나타나는 것이니 피조물이 허무한 데 굴복하는 것은 자기 뜻이 아니요 오직 굴복하게 하시는 이로 말미암음이라. 그 바라는 것은 피조물도 썩어짐의 종 노릇 한 데서 해방되어 하나님의 자녀들의 영광의 자유에 이르는 것이니라"_로마서 8:19~21

우리는 자주 '세상의 잘못된 현상'에 대해서 "무엇이 어떻게 잘못되었는가?" 하고 의문을 제기합니다.

사람이 지은 죄로 인한 왜곡 현상은 선하게 지어진 하나님의 피조 세계에까지 광범위한 영향을 미쳐서 인간의 타락은 물론이요, 피조물이 존재하는 이유까지 바꾸어 놓았습니다.

어디서부터 어떻게 잘못되었는지 탐구해 봅시다.

인간의 범죄로 인한 세상의 타락

1. 사람이 죄를 짓게 된 근본적인 동기는 무엇이며, 사람을 죄에 빠지게 하는 3가지 주된 유혹은 무엇입니까?

1) 창세기 3:4, 5

2) 창세기 3:6 (참고. 요일 2:16)

2. 범죄의 당사자(뱀과 사람)뿐만 아니라 모든 피조물이 죄로 인한 타락의 영향력 아래 있게 되었습니다. 그 일을 구체적으로 살펴봅시다. (창 3:14~19; 롬 5:12~21)

1) 뱀

2) 사람

3) 땅

3. 아담과 하와가 에덴동산에서 추방된 것이 의미하는 바는 무엇입니까? (창 3:22~24)

4. 과연 사람의 죄로 인한 저주가 하나님이 손수 지으신 창조 세계를 완전히 무가치하게 만들었을까요? 다음 성경 말씀을 통해 생각해 봅시다.

1) **시편 19:1~4, 24:1**(참고. 롬 1:20)

2) **시편 119:91**(참고. 벧후 3:5~7)

3) **로마서 14:20**(참고. 딤전 4:4, 5)

"죄악은 하나님이 그분의 손으로 지으신 작품에 대한 그분의 한결같은 신실성을 무효로 돌릴 만한 힘이 없다."_알버트 월터스

5. 범죄로 인한 타락이 궁극적으로 문제가 되는 곳은 어디입니까? (창 6:5, 참고. 렘 17:9; 롬 1:28)

6. 다음 현상들을 하나님의 창조 사역의 선한 면과 죄악으로 인해 왜곡된 면으로 구분해 봅시다.

현상	선한 면	죄악으로 왜곡된 면
성(性)		
정치		
식량 분배		
환경		
그 외		

7. 성경에서 '세상'이라는 단어가 쓰이는 예를 살펴보고 각각 어떤 의미로 쓰이는지 구분해 봅시다.

성경 구절	'세상'의 서로 다른 의미
창세기 9:13	
요한복음 1:9, 10	
골로새서 2:8	
야고보서 4:4	

"성경에 나오는 세상이라는 단어에 대한 그리스도인의 이해는 그 사람의 세계관을 보여 준다."_알버트 월터스

8. '죄로 오염된 세계'는 현재 누가 다스리고 있습니까? 그럼에도 하나님의 창조 세계에 대한 책임은 누구에게 있습니까?

1) 요한복음 12:31 (엡 6:12)

2) 로마서 8:19

우리의 신 – 하나님 혹은 우상

1. 인간의 죄는 궁극적으로 우상 숭배의 모습으로 나타납니다. 우상 숭배의 핵심은 무엇입니까? (롬 1:18~23)

2. 사람이 창조 세계를 다스리는 존재로서의 '하나님의 형상'에 따라 지음받았다는 성경 말씀에 비추어 볼 때, 우상 숭배는 어떤 이유로 인간의 본분을 저버리는 것이 되는지 설명해 봅시다. (출 20:4~6)

3. 인간이 하나님 대신 섬기는 우상에는 어떤 것들이 있으며, 우상 숭배의 결과는 무엇입니까?

1) 숭배의 대상(우상) (롬 1:23; 골 3:5)

2) 숭배의 결과 (시 115:4~8; 호 9:10; 엡 5:5)

4. 성경은 우리와 하나님과의 관계에서 우리가 취하는 마음 자세(방향)에 대해 어떻게 말씀하고 있습니까? (신 30:15~20; 마 6:24)

적용

1. '세상은 왜 잘못되었는가?'에 대한 대답을 나의 말로 정리한 후 함께 나누어 봅시다.

2. 이 시대는 하나님 대신 무엇을 섬기고 있나요? 학교 교육 현장에서 이런 시대의 가치가 어떻게 반영되고 있는지 토론해 봅시다.

참고문헌

『창조 타락 구속』(알버트 월터스, 마이클 고힌, IVP, 2007)
『그리스도인의 비전』(브라이언 왈쉬, 리차드 미들톤, IVP, 1987)

3과
구속

"그런즉 누구든지 그리스도 안에 있으면 새로운 피조물이라 이전 것은 지나갔으니 보라 새 것이 되었도다 모든 것이 하나님께로서 났으며 그가 그리스도로 말미암아 우리를 자기와 화목하게 하시고 또 우리에게 화목하게 하는 직분을 주셨으니 곧 하나님께서 그리스도 안에 계시사 세상을 자기와 화목하게 하시며 그들의 죄를 그들에게 돌리지 아니하시고 화목하게 하는 말씀을 우리에게 부탁하셨느니라"_고린도후서 5:17~19

우리는 우리 자신을 새롭게 하신 하나님의 은혜에 감격합니다. "이전 것은 지나갔으니 보라 새것이 되었도다"(고후 5:17)라는 말씀의 은혜에 감격하는 우리에게 하나님은 하나님과 세상을 화목하게 하는 직분을 주셨습니다. 이것은 새로운 피조물이 된 우리를 세상의 회복을 위해서 하나님의 동역자로 삼으시겠다는 뜻입니다. 이 직분이 우리가 이 땅에 존재하는 이유입니다. 죄로 인해 타락을 주도한 것도 인간이요, 이 타락한 세상에서 피조물을 다시 구속하고 회복하게 하는 직분을 가진 것도 인간입니다.

우리는 어떻게 피조물을 구속하고 회복할 수 있을까요?

예수 그리스도를 통한 구원 – 창조 세계와 형상의 회복

1. 예수 그리스도를 영접하는 자는 어떤 신분을 갖게 됩니까? 이 신분이 의미하는 바를 알아봅시다.

1) **신분** (요 1:12)

2) **의미**

하나님과의 관계 (갈 4:4~6)

창조 세계에서의 지위 (계 5:10)

2. 우리는 어떻게 하나님의 형상을 회복합니까? (롬 8:29, 30)

3. 하나님의 형상을 회복하고 드러내기 위해 우리가 할 일은 무엇입니까? (엡 4:7~16)

4. 하나님이 예수 그리스도의 구속 사역을 통해 이루시려는 궁극적인 목적은 무엇입니까? (엡 1:7~10; 골 1:20; 요일 2:2)

"형상이란 말이 피조 세계에 대한 우리의 문화적인 통치를 표시한다는 그 한 가지 이유만으로도, 우리는 혼자서 하나님의 형상을 드러낼 수 없다. … 인간의 문화 형성은 공동의 사명이다."_왈쉬 & 미들턴

제자 삼으라 – 하나님 나라의 확장 사역

1. 예수님이 승천하시기 전에 제자들에게 주신 명령(대위임령)은 무엇입니까? (마 28:18~20)

1) 명령의 주체 (18절)

2) 핵심 과업 (19절)

3) 수반되는 과업 (19, 20절)

4) 함께 주어진 약속 (20절)

2. 우리가 제자를 찾아서 가르쳐 지키게 할 '예수님의 가르침과 사역의 핵심'은 무엇입니까?

1) 가르침 (눅 8:1)

2) 사역 (마 12:28, 참고. 마 6:33)

3. 대위임령에 따라 사도들이 전파한 복음의 내용은 무엇이었습니까? 이는 단순히 "예수 믿고 구원 받자"라는 일반적인 전도 내용과 어떤 점에서 초점을 달리합니까?

1) 사도행전 8:5~12, 28:31

4. 예수님은 제자들에게 어디로 가서 누구에게 복음을 전하라고 말씀하셨습니까? (막 16:15)

1) 복음을 전할 영역

2) 복음을 전할 대상

3) 예수님의 이런 명령에 대해 어떻게 반응해야 하겠습니까?

5. 제자를 삼는 사역의 필수요소는 무엇입니까? (행 1:8)

적용

1. 기독교적 세계관과 이원론적 세계관은 어떤 점에서 다른지 생각해 봅시다.

2. 우리는 그리스도를 통한 구속을 '제자 양육'이라는 방법으로 실현할 수 있습니다. 제자 양육 과정에서 시각의 교정이나 확대가 필요한 영역은 어디인지, 우리가 제자들에게 가르치는 말씀이 하나님의 창조 세계 전체를 반영하고 있는지 생각하고 나누어 봅시다.

"복음은 창조 세계를 죄로부터 회복하고 갱신하는 것에 관한 것이다. 서양교회사에서 구속은 자주 창조 세계의(of) 구원이 아니라 창조 세계로부터의(from) 구원으로 이해되어 왔다."_마이클 고힌

4과

회복

"주의 말씀은 내 발에 등이요 내 길에 빛이니이다"_시편 119:105

사람들이 하나님의 형상을 회복하고 모든 민족에게 복음을 전파하는 것은 세상이 '하나님 나라'로 회복하기 위한 필수 과정이며 예수님이 우리에게 주신 사명입니다.

그 사명을 잘 감당하기 위해서 좀 더 구체적으로 어떻게 하는 것이 창조 세계가 하나님의 나라로 회복되는 것인지 알아볼 필요가 있습니다. 성경 말씀은 모든 영역에 구체적인 지침을 주지는 않지만, 우리는 성경을 통해서 피조 세계의 모든 영역을 볼 수 있습니다. 성경 말씀이 내가 내딛는 발 앞의 등불이 될 뿐 아니라 세상의 회복을 위한 빛이 되기를 바랍니다.

회복을 위하여

1. 세계를 하나님이 창조하셨다는 것을 알 수 있는 근거는 무엇입니까?

1) 예레미야 10:12

2) 로마서 1:20

2. 아담이 타락하기 전에 동물의 이름을 정하는 것이 의미하는 바는 무엇입니까? (창 2:19, 참고. 롬 8:19~22)

3. 인간의 타락은 우리의 인식에 어떤 영향을 끼쳤습니까? (롬 1:21, 22)

4. 우리가 살고 있는 세계를 진실하고 올바르게 이해하는 데 꼭 필요한 것은 무엇입니까? (시 119:105)

5. 우리가 살고 있는 세상에서 그리스도인이 가져야 할 마음의 태도는 어떤 것입니까? (롬 12:1, 2, 참고. 고전 10:31)

회복되어야 할 피조 세계

1. 정치적인 면에서 하나님의 통치 방법은 무엇이며, 그것은 오늘날 어떻게 왜곡되었습니까?

1) 로마서 13:1 (참고. 벧전 2:13, 14)

2) 마태복음 20:25~28

2. 우리가 경제활동을 하는 이유에 대하여 성경은 어떻게 가르치고 있습니까?

1) 에베소서 4:28 (참고. 살후 3:10)

2) 골로새서 3:5

3. 우리 사회의 회복에 대해서 성경은 많은 말씀을 하고 있습니다. 로마서 14:17~19은 사회의 어떤 점이 회복되어야 한다고 말씀합니까?

4. 우리는 열심히 배워서 자신의 이론을 펼치지만 이것에 대해서 성경은 분명히 공언합니다. 우리가 배우는 것들은 어떤 성격을 가지고 있습니까?

1) 디모데후서 3:7 (참고. 잠 1:7)

2) 고린도후서 10:4, 5

5. 지식은 어떻게 회복될 수 있습니까? (골 3:10)

6. 문화생활은 인간의 삶을 윤택하게 합니다. 우리가 즐기는 예술의 영역은 하나님과 사람들 사이에서 어떤 역할을 합니까? (엡 5:19, 20)

1. 하나님의 창조 세계가 그분의 창조 목적대로 회복되기 위해서 나와 내가 속한 공동체가 해야 할 일은 무엇입니까?

5과
교육

"오늘 내가 네게 명하는 이 말씀을 너는 마음에 새기고 네 자녀에게 부지런히 가르치며 집에 앉았을 때에든지 길을 갈 때에든지 누워 있을 때에든지 일어날 때에든지 이 말씀을 강론할 것이며 너는 또 그것을 네 손목에 매어 기호를 삼으며 네 미간에 붙여 표로 삼고 또 네 집 문설주와 바깥 문에 기록할지니라"_신명기 6:6~9

교육의 문제는 자녀를 둔 부모만의 문제가 아니라 교회와 학교 그리고 이 사회의 문제입니다. 성경은 다음 세대에 대한 교육의 책임이 우리에게 있음을 분명히 하고 있습니다.

우리는 다음 세대를 어떻게 교육해야 합니까? 성경이 말하는 교육의 목적은 무엇이며, 어떻게 교육하는 것이 하나님의 방법대로 교육하는 것인지 함께 알아봅시다.

교육의 책임과 목적

1. 교육을 직접적으로 담당하는 두 주체는 부모와 교사입니다. 하나님이 이들에게 주신 교육적 책무와 권한을 살펴봅시다.

   1) 교육에 대한 궁극적인 책임은 누구에게 있습니까? [신 6:4~9; 엡 6:4]

   2) 교사의 교육적 권위는 어디에서 나옵니까? [약 1:17]

   3) 부모와 교사는 교육을 위해서 어떻게 협력해야 합니까? [고전 12:4~11]

2. 교육학자 브루멜른은 그의 저서 『교실에서 하나님과 동행하십니까?』(IVP, 2009)에서 마태복음 28:19, 20의 말씀에 근거하여 기독교 교육의 목적을 "책임 있는 그리스도의 제자가 되는 것"으로 표현했습니다. 이 말이 교육에 대하여 어떤 점을 시사하고 있는지 나 자신의 말로써 봅시다.

3. '하나님의 형상'인 우리가 교육의 책임을 다하기 위해서 준비해야 할 것은 무엇입니까? (빌 2:5-8, 참고. 롬 12:10, 11)

4. 교육을 받는 우리의 자녀나 학생이 갖추어야 할 자세는 무엇입니까? (잠 1:7; 빌 3:8, 9)

기독교 교육의 목표와 방법

1. 다음의 성경 말씀은 하나님이 우리에게 주신 명령 중 기독교 교육의 목표로 삼을 만큼 중요한 말씀들입니다. 무엇에 대한 말씀인지 정리해 봅시다.

1) 창세기 1:26~28

2) 마태복음 28:19, 20

3) 요한복음 13:34, 35

4) 에베소서 4:4~16

2. 앞의 목표를 가지고 가정에서 그리고 교회와 학교에서 교육이 이루어진다면 다음 세대는 어떤 사람으로 살아가게 될까요?

3. 이 세계의 모든 현상은 다음 세대가 하나님의 창조 세계를 경험하고, 그 세계에서 어떤 책임을 맡고 있는지 알게 하는 교육 내용이라고 할 수 있습니다. 우리는 교육을 통해 이것을 어떻게 가르칠 수 있습니까? (시 19:1~4; 사 28:23)

4. 다음 세대를 교육하기 위해 디모데후서 3:15, 16은 어떤 방법을 제시하는지 알아봅시다.

5. 교육을 위해서 하나님이 사용하시는 방법과 그 결과를 다음 성경 말씀에서 알아봅시다.

말씀	교육 방법	교육의 결과
신명기 8:1~10		
히브리서 12:5~11		

학교 교육과 기독교 교육

1. 앞선 내용을 토대로 볼 때 현재 교육제도는 어떤 문제를 가지고 있습니까?

2. 우리나라 교육 현장에 깊숙이 뿌리박혀 있는 우상은 무엇입니까?

3. 교육 현장에서 교사들은 어떻게 그리스도의 제자 됨을 드러낼 수 있습니까? [마 5:13~16]

4. 기독교 교육의 가치는 무엇입니까? 기독교 교육의 목적과 관련해서 생각해 봅시다.

적용

1. 하나님이 원하시는 교육을 위해 헌신하고 싶은 영역에 대해서 비전을 나누어 봅시다.

1) 그런 결심을 하게 된 동기와 그 일을 위해 구체적으로 노력해야 할 점은 각각 무엇입니까?

2. 기독교 교육을 실천하려면 무엇을 어떻게 해야 할지 서로의 생각을 나누어 봅시다.

제자훈련 시리즈 3
제자의 삶

초판 1쇄 인쇄 2023년 4월 25일
초판 1쇄 발행 2023년 5월 5일

저자	교사선교회
감수	교사선교회 교사국
기획	교사선교회 출판위원회
편집	강민영
디자인	임현주
제작	김혜정 이광우
경영 지원	이성경
인쇄	한국학술정보(주)

펴낸곳	템북
펴낸이	김선희
주소	인천 중구 흰바위로59번길 8, 1036호
전화	032-752-7844
팩스	032-752-7840
홈페이지	tembook.kr
출판등록	2018년 3월 9일 제2018-00006호

ISBN	979-11-89782-83-2 04230
	979-11-89782-80-1 04230 (세트)

책값은 뒤표지에 있습니다.